Experimentierplatinen und Experimente mit dem Arduino Uno

Experimentierplatinen und Experimente mit dem Arduino Uno

Jörg Bischof, DM6RAC

Das vorliegende Werk ist urheberrechtlich geschützt.

Alle Rechte vorbehalten – einschließlich das Recht der Übersetzung, Reproduktion, Vervielfältigung jeglicher Art und Speicherung in elektronischen Medien.

Die im Buch verwendeten Soft- und Hardwarebezeichnungen, Markennamen und Produktbezeichnungen sind Eigentum der betreffenden Unternehmen.

Im Text wird die Form des generischen Maskulinums genutzt. Dieses soll keinesfalls eine herabwürdigende oder diskriminierende Art und Weise jeglichen bestehenden, gefühlten oder gewollten natürlichen oder unnatürlichen Geschlechts darstellen, sondern dem Lesefluss durch die natürlichen Sprache dienen.

Die Inhalte dieses Buches wurden mit großer Sorgfalt erstellt. Trotzdem kann der Autor keine Garantie für die Richtigkeit, Aktualität und Vollständigkeit der Inhalte übernehmen. Er haftet nicht für Schäden, die sich aus der Nutzung der hier angebotenen Informationen entstehen könnten. Die im Buch erstellte Software ist lizensiert unter EUPL.

Copyright © 2023 Jörg Bischof
Alle Rechte vorbehalten

ISBN: 9798373392143

Imprint: Independently published

0 Inhaltsverzeichnis

1	Einleitung	6
2	Shield-Template	10
3	Experimentierplatinen	18
3.1	Serieller Monitor, Datentypen	18
3.2	LED-Projekte	22
3.2.1	Beschreibung	22
3.2.2	Schaltung	23
3.3	LCD, Analog, US	24
3.3.1	Beschreibung	24
3.3.2	Schaltung	24
4	Experimente: LED-Projekte	28
4.1	Schalten von LEDs	28
4.2	Würfel	32
4.2.1	Erkennen des Schalters	32
4.2.2	Erzeugung der Zufallszahl	33
4.2.3	Anzeige der Zahl	36
4.3	Codeschloss	40
4.3.1	Entprellen eines Schalters	41
4.3.2	Auswertung der Tastendrücke	42
4.4	Ampelanlage	45
4.4.1	Ampelschaltung	45
4.4.2	Fußgängerampel	47
5	Experimente: LCD, Analog, US	50
5.1	RGB	50
5.2	LCD-Display	51
5.2.1	LCD-Anzeige	51
5.2.2	Uhr mit LCD	53
5.3	Messen von Spannungen	55
5.3.1	Messung mit DEFAULT	57
5.3.2	Messung mit INTERNAL	58
5.3.3	Messung mit EXTERNAL	59
5.4	Entfernungsmessung mit HC-SR04	60
6	Literaturhinweise	63

1 Einleitung

Meine ersten Programmiererfahrungen hatte ich 1984 mit den Controller Zilog Z8 gemacht. Damals wurde noch in Assembler programmiert. Mich hatte fasziniert, dass nur durch Änderung der Software bei Beibehaltung der Hardware vollkommen andere Funktionalität erreicht werden konnte.

Viele Jahre später begann ich mich erneut mit Mikrocontrollern zu beschäftigen. Zuerst wand ich mich den PIC-Controllern zu. Die begeisterten mich aber nicht all zu sehr. Dann interessierte ich mich für Controller der damaligen Firma Atmel. Hier sah es schon ganz anders aus. Der Aufbau erinnerte mich sehr an den damaligen Z8: viele frei verwendbare Register, mehrere Interrupts und Zähler. Der Durchbruch für mich kam mit dem Aufkommen des Arduino Uno und der Arduino IDE. Ich hatte bis dahin keine Erfahrung in der Programmierung C/C++. Da ich mich nur mit der Web-Programmierung beschäftigt hatte, lagen lediglich Kenntnisse in JavaScript und PHP vor. So kamen mir die vereinfachten Arduino-Befehle sehr entgegen.

Zu der Zeit unterrichtete ich an einer privaten Berufsschule junge Leute, die irgendwann einmal Fachinformatiker werden wollten, in Elektrotechnik/Elektronik. Das war ein Fach, dass sie fast gar nicht interessierte: sie wollten programmieren. Um das Programmieren mit der Elektronik zu verbinden, habe ich den Arduino in den Unterricht aufgenommen. Dadurch wurde das Fach interessanter.

Nach meiner Zeit an der Berufsschule begann ich als freier Dozent im Projekt School Lab des Deutschen Zentrums für Luft- und Raumfahrt (DLR) in Neustrelitz Schüler für Mikrocontroller zu begeistern.

Es gibt zur Nutzung speziell des Arduino Uno verschiedene Kits von verschiedenen Anbietern. Allen gemeinsam ist, dass, neben vielen Sensoren und zusätzlichen Bauteilen, ein Steckboard den Aufbau von Schaltungen erlaubt. Einerseits ergibt das viel Flexibilität und schult im Aufbau von Schaltungen, andererseits kämpft man ewig mit unzuverlässigen Kontakten und einem „Drahtverhau". Es kommt dadurch einfach die Zeit für die eigentliche Lösung von Aufgaben durch Programmierung zu kurz.

Um die Schüler im Umgang mit den Lötkolben und vor allem der Programmierung zu schulen, kam ich auf die Idee, universelle Schaltungen auf Platinen, die als Shield auf den Arduino Uno gesteckt werden können, zu entwickeln.

Mit einer, durch die Schüler selbst zusammengebauten, Hardware sind mehrere Programmierideen realisierbar.

Mit diesem Buch möchte ich einige Shields vorstellen und Programmierbeispiele erläutern. Es soll keine vollständige Lösung sein, sondern anregen zu eigenen Projekten. Daher beginne ich mit der Methode zu Erstellung der Shields. Meine Lösung stelle ich als OpenSource unter die Lizenz EUPL und veröffentliche sie unter [1].

Es sind natürlich noch weitere Experimente möglich. Über die Buchsen sind alle Anschlüsse des Arduino Uno erreichbar und können ganz normal mit Drähten aus dem Verdrahtungs-Set und weiteren Sensoren erweitert werden. Der eigenen Phantasie sind hier keine Grenzen gesetzt.

8 Einleitung

Shield-Template

2 Shield-Template

Ich verwende für die Entwicklung von Platinen das Programm KiCad [2]. Vorher hatte ich schon verschiedene andere Programm ausprobiert, habe mich aber letztendlich für KiCad entschieden. Zum Einen, weil es Open Source ist, zum Anderen ist es sowohl für Windows, macOS wie auch Linux verfügbar. Wer ein anderes Programm bevorzugt: es ist es wert, sich diese Programm wenigstens einmal anzusehen.

KiCad liefert bereits eine Vorlage für Arduino Uno-Erweiterungen mit. Mir gefallen allerdings dort einige Einstellungen nicht. Deshalb nehmen wir diese Vorlage als Ausgangspunkt und erstellen uns eine eigene für spätere Projekte.

Dazu öffnen wir unter *Datei > Neues Projekt aus Vorlage* das Template:

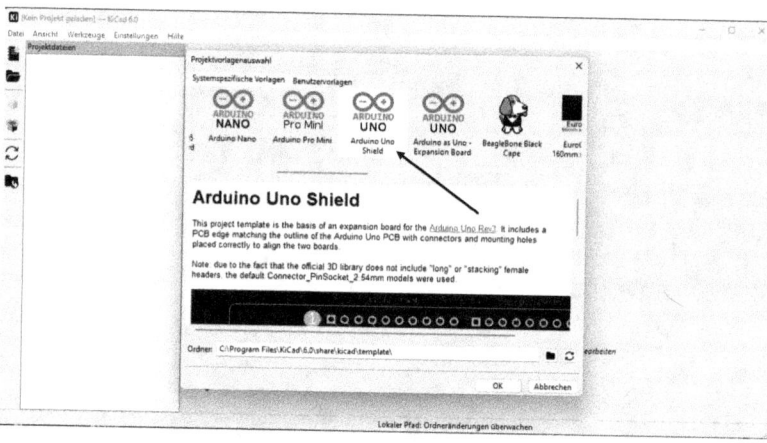

Abb. 1: Vorhandenes Template

Das jetzt neue Projekt speichern wir am Besten gleich unter einen sinnvollen Namen in den eigenen Template-Ordner. Diesen finden wir im eigenen Dokumente-Ordner unter *KiCad/6.0/template*.

Öffnen wir die Schaltung. Dort sind die Buchsenleisten bereits vorhanden. Mich stört der Kennbuchstabe. Nach DIN muss für Steckverbindungen der Kennbuchstabe X verwendet werden. Also ändern wir das in den Eigenschaften (mit der Maus über das Symbol und dann einfach E drücken). Die Nummer lassen wir aber so bestehen (nach der richtet sich die Anordnung auf der Platine).

Über den grünen Verbindungslinien steht die Bezeichnung der Anschlüsse (*Netzbezeichner*). In der späteren Schaltung werden gleiche Netzbezeichner miteinander verbunden. **SCL** und **SDA** sind intern mit **A4** und **A5** verbunden. Das muss aber nicht noch einmal auf der Platine erfolgen. Es verbraucht unnötigen Platz. Also ändern wir die Bezeichnung.

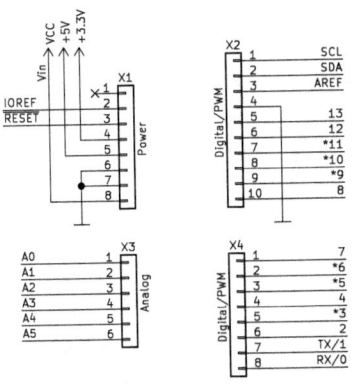

Abb. 2: Änderung der Schaltung

Die geänderten Bauteil-Kennbuchstaben müssen wir dann auch noch neu zuordnen: *Werkzeuge > Schaltplan annotieren*. Dabei unter *Optionen* den Punkt *Bestehende Annotationen beibehalten* so lassen. Ansonsten ändert sich eventuell die Nummerierung und auf der Platine stimmt die Zuordnung nicht mehr.

Unter *Datei > Seite einrichten* können wir können wir auch die Beschriftung des Schaltplanes ändern.

Dann gehen wir zur Platinenansicht. Wir aktualisieren (*Werkzeuge > Platine aus Schaltplan aktualisieren … F8*).

Die Umrisse der Platine sind bereits zusehen. Ebenfalls die Platzierung der Buchsenleisten. Die Beschriftung liegt auf der Ebene **F.Fab**. Wenn wir später die Platine bei einem Dienstleister herstellen lassen möchten, wird das allerdings meistens nicht gedruckt. Ich lasse die Platinen herstellen. Wenn man intensiv im Internet sucht, findet man Hersteller, die sehr preiswert arbeiten [3]. Ich persönlich habe sehr gute Erfahrungen mit JLCPCB gemacht.

12 Shield-Template

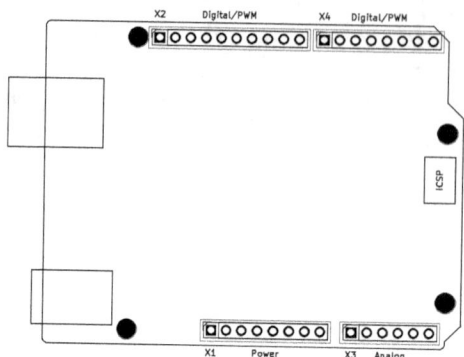

Abb. 3: Die Platine im Leiterplatteneditor

Die Außenumrandung liegt auf der Ebene `Edge.Cuts`. Das bedeutet, dass sie so gefräst wird, wie sie dargestellt ist. Die Rechtecke für den USB-Anschluss, Stromversorgung und ICSP-Stecker befinden sich auf `User.Drawing`. Sie werden im Herstellungsprozess nicht berücksichtigt. Wir lassen sie aber. So verhindern wir, dass später Bauteile ungünstig platziert werden und entweder nicht passen oder am USB-Gehäuse Kurzschlüsse verursachen.

Mich stören die vier Bohrungen. Sie entsprechen denen des Arduino Uno. Ich will die Shield-Platine aber nicht schrauben, sondern nur stecken. Also nehme ich sie weg, um mehr Platz für Leiterzüge zu haben. Die Bohrungen und Durchkontaktierungen sind allerdings gesperrt. Also mit dem Mauszeiger auf das Symbol klicken, eins auswählen, Taste E drücken (*Eigenschaften*), entsperren und das Ganze mit dem zweiten ebenfalls durchführen. Man kann auch darauf klicken und beide auswählen. Dann mit der rechten Maustaste klicken, *Entsperren* wählen und *Entsperren*. Danach beide auswählen und mit der Löschtaste löschen.

Vielleicht noch etwas zu der Bedeutung der Bezeichnung der einzelnen Ebenen, die wir benötigen:

- `F.xxx`
  Front- (oder auch Vorder- oder Bestückungs) seite

- `B.xxx`
  Back- (oder auch Rück- oder Leiter-) seite

- `F.Cu, B.Cu`
  die Kupfer-(Leiter-) bahnen auf der Front- bzw. Backseite

- **F.Mask, B.Mask**
  freie Fläche in Lötstopp-Beschichtung

- **F.Silkscreen, B.Silkscreen**
  Beschriftungen oben und unten

- **Edge.Cuts**
  die Umrisse der Platine

Die anderen Ebenen dienen uns als Unterstützung, werden aber in der Regel nicht als Fertigungsdaten weitergegeben.

Die Beschriftungen, die wir in Abb. 3 sehen, werden also nicht gedruckt. Wenn wir sie auf der Platine aber gedruckt haben wollen, müssen wir ihnen eine **Silkscreen**-Ebene (hier sollte es **F.Silkscreen** sein, da wir die Unterseite später ja nicht mehr sehen) zuweisen. Wenn man die Farben der Layer ändern möchte, kann man es in den Präferenzen machen.

Das Verschieben erfolgt durch anklicken oder einfach mit dem Mauszeiger über das Objekt und drücken von **M**. Duplizieren kann man mit **Befehlstaste + D**.

Da man die Beschriftung der Anschlüsse auf der Arduino-Uno-Platine später nicht mehr sehen kann, sollten sie auf das Shield schreiben.

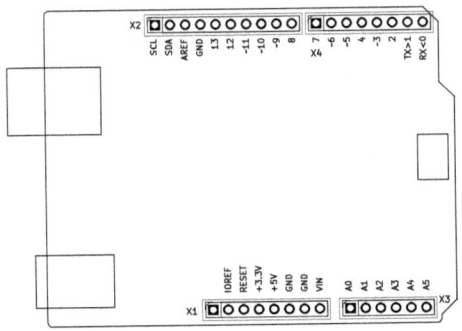

Abb. 4: Fertige Beschriftung (F.Fab ist ausgeblendet)

Dazu wählen wir als Layer F.Silkscreen und in den Icons links neben den Layern die Textelemente (sieht wie ein großes T aus). Breite und Höhe von 1mm lassen wir. Als Ausrichtung nehmen wir *rechts* und Ausrichtung *90°*. Als Text schreiben wir immer nur eine Bezeichnung (z.B. SCL) hinein. Praktisch ist: einmal schreiben, dann immer wieder duplizieren und verschieben. Vor einer Steckverbindung muss die Platzierung der ersten und letzten Beschriftung stimmen. Danach alle auswählen (Shift-Taste und einzeln anklicken), rechte Maustaste und nach oben ausrichten und horizontal verteilen. Danach Doppelklick auf die Beschriftung und Beschriftung ändern.

Wir können jetzt alles speichern und KiCad beenden. Um das Template benutzen zu können, benötigen wir noch einen Ordner **meta**, in dem sich die Datei **info.html** befindet.

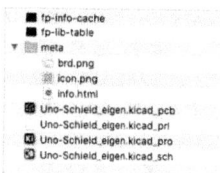

Abb. 5: Ordner meta

Der Aufbau der HTML-Datei ist recht einfach:

```
<!DOCTYPE html>
<html>
    <head>
        <title>Shield Arduino Uno</title>
        <meta charset="utf-8" />
    </head>
    <body>
        <h1>Shield für Arduino Uno</h1>
        <p>
            Beschreibung des Shields.
        </p>
        <p>
            <img src="brd.png" alt="Board" />
        </p>
    </body>
</html>
```

Das, was unter dem **title**-Tag steht, erscheint als Text für das Shield. Es kann noch ein Icon hinzugefügt werden (**icon.png**). Das kopiert man sich einfach aus dem Template-Ordner von KiCad. Ich habe in einer Bildbearbeitung noch die Beschriftung etwas geändert. Als Bild (im **img**-Tag) kann man ein Bild der

Platine einfügen. Vielleicht ein Screenshot oder ähnliches. Die Breite sollte 640 px nicht überschreiten.

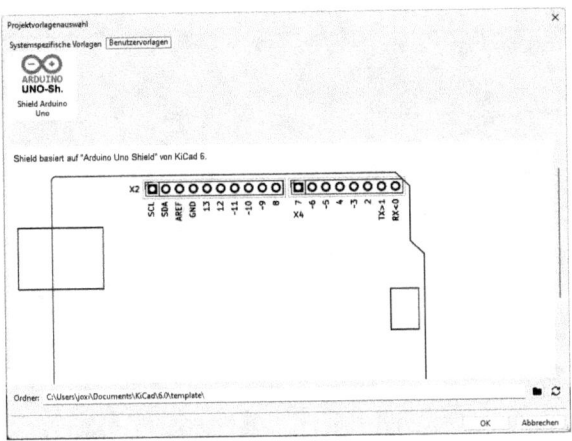

Abb. 6: Das neue Template unter *Benutzervorlagen*

Jetzt kann das Template benutzt werden. In [1] ist mein Template zu finden.

Shield-Template

Experimentierplatinen

3 Experimentierplatinen

3.1 Serieller Monitor, Datentypen

Der Serielle Monitor ist in der Arduino IDE oben rechts zu finden:

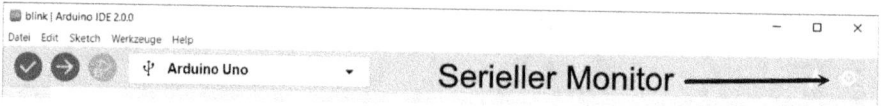

Abb. 7: Serieller Monitor in der Arduino IDE, Version 2

Er dient der Kommunikation mit der Arduino-Hardware. Hierzu gibt es eine Reihe von Befehlen, die es erlauben, Daten in Richtung Arduino schicken und Informationen vom Arduino zu empfangen. In Programmen, die der Prozesssteuerung dienen (und das sind die, mit denen wir uns hier beschäftigen), ist eigentlich nur die Ausgabe von Meldungen des Arduino im Bildschirm der IDE interessant. Diese Meldungen legt der Programmierer im Programm fest, um hauptsächlich zu überprüfen, ob das Programm das macht, was es soll. Eine weitere Anwendung ist die Übermittlung von bestimmten Statusinformationen beim Programmlauf.

In der Arduino IDE steht hierzu die Klasse **Serial** zur Verfügung. Die für uns wichtigsten Methoden dabei sind:

- **Serial.begin(***wert***)**
  Sowohl der Arduino, als auch die serielle Schnittstelle der IDE müssen mit der gleichen Taktgeschwindigkeit miteinander kommunizieren. Als *wert* wird die Baudrate eingegeben. Sie muss mit der des Seriellen Monitors übereinstimmen. Gebräuchliche Werte sind 9600 Bd oder 115200 Bd.

- **Serial.print(***wert* [, *format*]**)**
  Gibt *wert* (String oder auch Variable) in der Konsole aus.
  Bei *format* gibt es einige Optionen:
    - BIN   Rückgabe ganzer Zahlen als Binärwert
    - OCT   Rückgabe ganzer Zahlen als Oktalwert
    - HEX   Rückgabe ganzer Zahlen als Hexadezimalwert
    - DEC   Rückgabe ganzer Zahlen als Dezimalwert (default)
    - bei Gleitkommazahlen gibt eine eine Zahl die Anzahl der Nachkommastellen an. Die Standardeinstellung ist 2

- Rückgabewert ist die Anzahl der gesendeten Bytes

- **Serial.println**(*wert, format*)
  wie oben, nur danach erfolgt ein Zeilenumbruch

Bei den Zahlen-Datentypen gibt es folgende:

Datentyp	alternativ	Größe	Wertebereich
bool	boolean	1 Byte	true (1, HIGH), false (0, LOW)
byte		1 Byte	0 ... 255
char	int8_t	1 Byte	-128 ... +127, Zeichen in Hochkomma: ASCII-Nummer
unsigned char	uint8_t	1 Byte	0 ... 255
int	int16_t, short	2 Byte	-32768 ... +32767
unsigned int	uint16_t, word	2 Byte	0 ... 65535
long	int32_t	4 Byte	-2147483648 ... +2147783647
unsigned long	uint32_t	4 Byte	0 ... 4294967295
float	double	4 Byte	-3.4028235E+38 ... +3.4028235E+38

Tab. 1: Datentypen (Zahlen)

Es gibt ein paar Besonderheiten bei **float**:

- Die Genauigkeit beträgt nur 6-7 Dezimalstellen bezogen auf alle Zahlen (also vor und nach dem Komma zusammengezählt)
- Dezimaltrenner ist ein Punkt (.)
- Fließkommazahlen sind nicht genau und können bei Vergleichen zu Problemen führen (6.0 / 2.0 ergibt nicht 2.0!)
- Wenn Fließkommazahlen initialisiert werden, müssen sie auch als Fließkommazahl geschrieben werden. Also **float** x = 2.0; sonst kann es passieren, dass die Zahl als Integerzahl betrachtet wird. Die Wandlung von ganzen Zahlen in Fließkommazahlen kann auch durch Typkonvertierung erfolgen **(float)x**.

Da beim Atmega Fließkommazahlen nur 4 Byte belegen können, gibt es hier Unterschiede zu anderen Systemen (beispielsweise ESP32).

Eine Typkonvertierung in andere Datentypen kann durch das Schreiben des Zieltyps in Klammern vor der Variable erfolgen: **(unsigned char)x**.

Arrays werden mit Datentyp und eckiger Klammer deklariert. In geschweiften Klammern können auch gleich Werte zugeordnet werden:

```
int arr[6];
byte arrByte[] = {1,02,04,08};
```

Aber aufpassen: es wird nicht überprüft, ob die Grenzen eingehalten werden.

Strings können auf zwei Arten dargestellt werden: als Array oder (allerdings mit mehr Arbeitsspeicher) als String-Objekt. Bei der Darstellung als Array wird es mit dem Datentyp char versehen:

```
char str[] ="Test";
```

Das Array ist immer ein Element länger, als der Text es ist. Das letzte Zeichen ist das Nullzeichen (0x0), das das Ende markiert.

Das String-Objekt mit vielen Methoden versehen. Viele benötigen wir hier als Prozessrechner nicht. Schön sind Verkettungen mehrerer Strings:

```
String str = String(x + " Wert");
```

Mehr dazu finde man in [4].

Als Präprozessoranweisungen kommen hier **#include** und **#define** in Frage. Bei **#include** wird in spitzen Klammern (<>)die Bibliothek angesprochen, die im Kern installiert ist. Mit Anführungszeichen die, die der Nutzer hinzufügt.

#define stellt eine Vereinbarung dar:

```
#define led1 13
```

Wenn ich led1 schreibe, wird der Wert 13 eingesetzt. Es können auch komplexe Vereinbarungen getroffen werden:

```
#define add (a+b) * 3
```

Es wird kein Gleichheitszeichen als Zuweisung geschrieben und nicht mit Semikolon angeschlossen!

Zum Gültigkeitsbereich von Variablen: Alles, was außerhalb von Funktionen geschrieben wird, ist global gültig. Wenn innerhalb von Funktionen eine Variable mit **static** gekennzeichnet wird, behält sie zwischen den

Funktionsaufrufen ihren Wert. Mit **const** gekennzeichnete Variablen können später nicht mehr geändert werden. Es hat sich eingebürgert, diese mit Großbuchstaben zu schreiben.

Etwas, was auch viele gestandene C++-Programmierer nicht so richtig wissen, ist die Kennzeichnung einer Variable mit **volatile**. Der Compiler versucht im Compilerlauf den Code zu optimieren. Wenn er Werte aus dem Speicher holt, diese aber im Arbeitsspeicher geändert wurden, kann es zu Problemen führen. **volatile** zeigt dem Compiler, dass die Variable aus dem Arbeitsspeicher geholt werden soll. Dazu kommt, wenn die Variable im Hauptprogramm nicht benutzt wird (sondern nur im Interrupt), der Compiler sie als „nicht benötigt" löscht.

Ganz gefährlich kann es werden, wenn die Variable länger aus 8 bit ist. Der 8-bis-Mikrocontroller liest Byte für Byte aus. Und wenn jetzt ein Interrupt dazwischen kommt, kann es passieren, dass das erste Byte gelesen wird und nach dem Interrupt sich das zweite geändert hat. Deshalb sollte bei langen Variablen der Interrupt gesperrt werden.

3.2 LED-Projekte

3.2.1 Beschreibung

Mit dieser ersten Platine sollen grundlegende Funktionen und Anweisungen vermittelt werden. Der Aufbau ist recht einfach: 9 LED und 3 Taster sowie die Steckverbinder zum Arduino Uno. Als Steckverbinder dienen Buchsenleisten mit extra langen „Beinchen", die damit gleichzeitig als Stecker auf den Arduino Uno passen. Dadurch ist die Platine mit den Anschlüssen des Arduino verbunden, man kann aber dennoch zusätzliche Bauteile oder Sensoren anschließen. Es war nicht leicht, solche Steckverbinder zu finden. Fündig wurde ich in [5].

Folgende Aufgaben sollen mit dieser Experimentierplatine durchgeführt werden:

- Experimente mit dem Seriellen Monitor zur Ausgabe von Informationen durch das Programm
- Kennenlernen der verschiedenen Datentypen, Präprozessoranweisungen und der Syntax der Arduino-Sprache
- grundlegende Programmieranweisungen:
    - Kontrollstrukturen
    - Schleifen
    - Arrays
- schreiben und lesen der digitalen I/O

Anhand von Beispielen und Programmieraufgaben soll auch vermittelt werden, dass es sehr oft verschiedene Wege zum Ziel gibt. Entscheidend ist dabei, dass die gestellte Aufgabe erfüllt wird. Da der Flash-Speicher des Arduino Uno recht begrenzt ist, soll auch auf eine speichersparende Verwendung von Variablen Wert gelegt werden.

Die Anordnung und Farbe der einzelnen LED erscheint vielleicht auf dem ersten Blick ungewöhnlich. Es soll aber, unter anderem, auch ein Würfel und eine Ampelsteuerung programmiert werden. Daher stammt auch der ursprüngliche Name der Platine: Würfel-Shield.

3.2.2 Schaltung

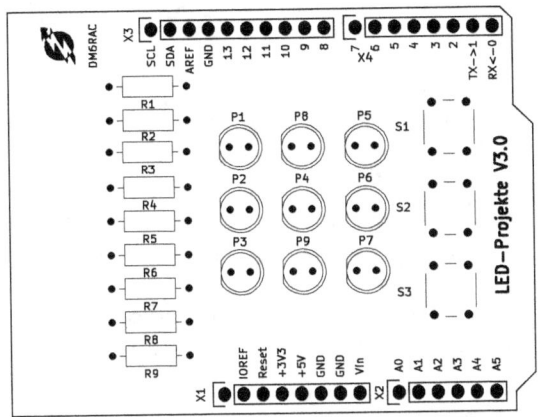

Abb. 8: Vorderseite (Bestückungsseite) der Platine mit Anordnung der LED

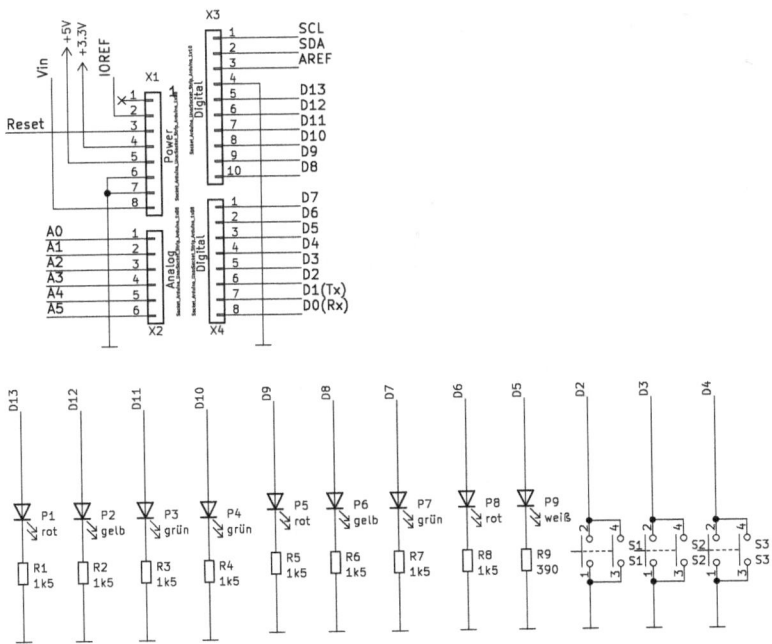

Abb. 9: Schaltung der Experimentierplatine 1

Die KiCad-Daten sind unter [1] abgelegt.

3.3 LCD, Analog, US

3.3.1 Beschreibung

Mit dieser Experimentierplatine können Versuche mit einer LCD-Anzeige (16 Zeichen, 2 Zeilen), dem Ultraschallmodul HC-RS04, einer RGB-LED sowie den Analogeingängen durchgeführt werden. Mit dem TL431 wird eine Referenzspannung von 2,48 V erzeugt, die als Referent für Spannungsmessungen genutzt werden kann. Somit kann ein Spannungsmesser, der mit der Betriebsspannung, der internen Referenzspannung von 1,1 V sowie der externen Spannung als Referenz ausprobiert werden. Die LCD-Anzeige wird über X1 angeschlossen. Über SCL und SDA kann auch eine LCD-Anzeige über den I²C-Bus angeschlossen werden.

3.3.2 Schaltung

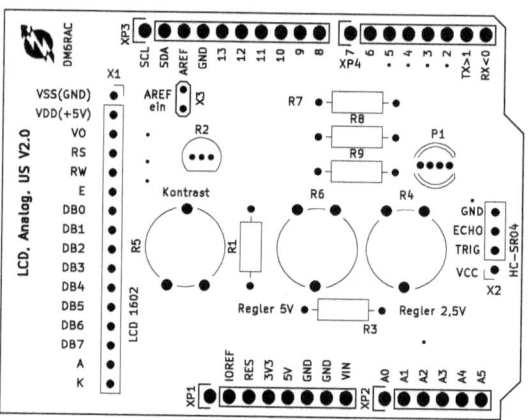

Abb. 10: Vorderseite (Bestückungsseite)

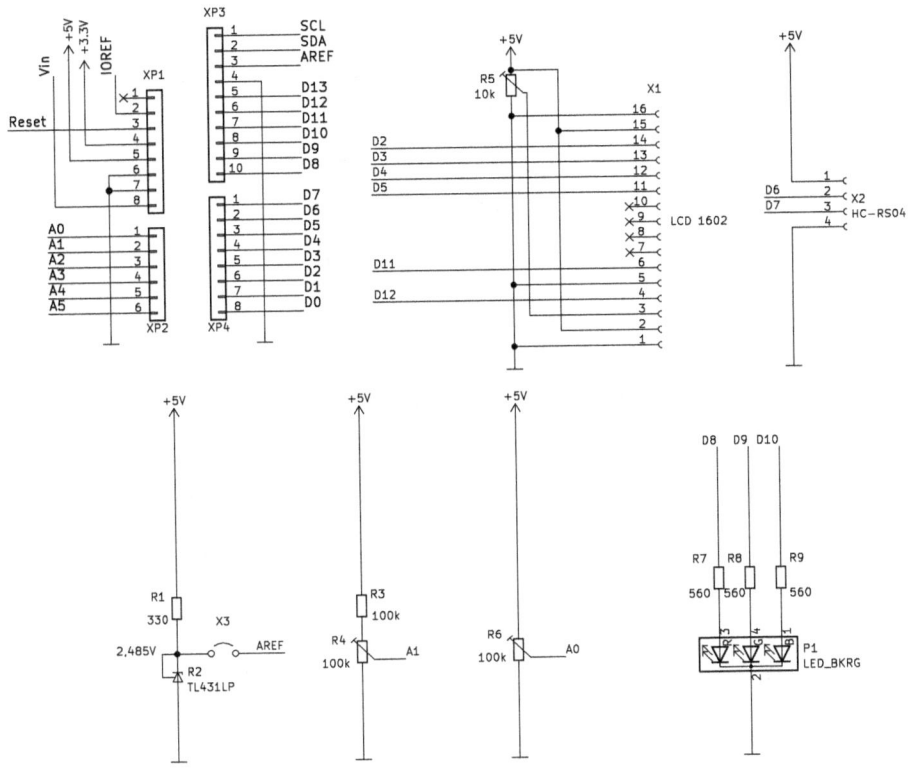

Abb. 11: Schaltung LCD, Analog, US

Auch hier sind die KiCad-Dateien bei [1] abgelegt.

26 Experimentierplatinen

Experimente: LED-Projekte

4 Experimente: LED-Projekte

4.1 Schalten von LEDs

Eigentlich fast zu einfach. Aber für den, der noch nie programmiert hat, ist es ein schnelles Erfolgserlebnis.

Wir legen eine neue Datei an und speichern sie mit einen sinnvollen Namen ab. Dabei wird von der IDE ein gleichnamiger Ordner angelegt und die Datei da hinein gelegt.

Gleichzeitig wird der allgemeine Programmaufbau und die Syntax vermittelt. Es muss auch darauf geachtet werden, dass von Anfang an richtig eingerückt wird. Die Version 2 der Arduino IDE macht einen öfter einen Strich durch die Rechnung, indem sie die Einrückung wieder zurücksetzt und man plötzlich in der nächsten Zeile schreibt. Befehlstaste + T formatiert dann richtig.

```
// led_schalten.ino

int led = 13;          // die LED auf der Platine des Arduino

void setup() {
  pinMode(led, OUTPUT);
}

void loop() {
  digitalWrite(led, HIGH);     // LED an
  delay(1000);                 // 1s (= 1000ms) Pause
  digitalWrite(led, LOW);      // LED aus
  delay(500);                  // 0,5s (= 500ms) Pause
}
```

Als nächste Übung nutzen wir ein Array und üben die **for**-Schleife.

Mit `ledAus()` haben wir auch gleich eine Funktion erstellt:

```
// arry_for_led.ino

byte led[] = {13, 12, 11, 10, 9, 8, 7, 6, 5};
int i = 0;
```

```
void setup() {
  Serial.begin(115200);
  for (byte i = 0; i < 9; i++) {
    pinMode(led[i], OUTPUT);
  }
  ledAus();
}

void ledAus() {
  for (byte i = 0; i < 9; i++) {
    digitalWrite(led[i], LOW);
  }
}

void loop() {
  ledAus();
  delay(1000);
  for (byte i = 0; i < 9; i++) {
    digitalWrite(led[i], HIGH);
    delay(1000);
  }
}
```

Es sollten jetzt alle LED nacheinander sich einschalten. Um die while-Schleife auszuprobieren, ersetzen wir die **for**-Schleife in der Hauptschleife durch **while**:

```
// array_while_led.ino
byte led[] = {13, 12, 11, 10, 9, 8, 7, 6, 5};

void setup() {
  Serial.begin(115200);
  for (byte i = 0; i < 9; i++) {
    pinMode(led[i], OUTPUT);
  }
  ledAus();
}

void ledAus() {
  for (byte i = 0; i < 9; i++) {
    digitalWrite(led[i], LOW);
  }
}
```

```
void loop() {
  ledAus();
  delay(1000);
  while (i < 9) {
    digitalWrite(led[i], HIGH);
    delay(1000);
    i++;
  }
}
```

Am Ergebnis ändert sich nichts. Nur haben wir eine andere Schleife verwendet.

Als nächstes wollen wir den Schalter S1 ausprobieren. Die Schleife soll vorwärts zählen. Wenn nach dem Schleifendurchlauf allerdings S1 gedrückt wurde, soll sie rückwärts zählen. Wir müssen allerdings den Schalter bis Beginn des Durchlaufs gedrückt lassen, weil er erst nach Verlassen der while-Schleife wieder ausgelesen wird.

```
// vor_rueck.ino

#define S1 2
byte led[] = { 13, 12, 11, 10, 9, 8, 7, 6, 5 };
bool sch;
int i;

void setup() {
  Serial.begin(115200);
  pinMode(S1, INPUT_PULLUP);        // Pullup-Widerstand eingeschaltet
  for (byte i = 0; i < 9; i++) {
    pinMode(led[i], OUTPUT);
  }
  ledAus();
}

void ledAus() {
  for (byte i = 0; i < 9; i++) {
    digitalWrite(led[i], LOW);
  }
}

void loop() {
  sch = digitalRead(S1);
```

```
if (sch == true) {
  ledAus();
  i = 0;
  delay(1000);
  while (i < 9) {
    digitalWrite(led[i], HIGH);
    delay(1000);
    i++;
  }
} else {
  ledAus();
  i = 8;
  delay(1000);
  while (i >= 0) {
    digitalWrite(led[i], HIGH);
    delay(1000);
    i--;
  }
}
}
```

Da bei **if** auf **true** getestet wird und **sch** **1 (true)** oder **0 (false)** liest, kann die if-Abfrage vereinfacht werden:

```
if(sch) {
  ...
} else {
  ...
}
```

Bei der Festlegung des Modus des Schalters als **INPUT** habe ich hier gleich den Pullup-Widerstand mit **INPUT_PULLUP** eingeschaltet. Durch diese Anweisung wird intern ein Widerstand (22 kΩ) gegen **+VCC** geschaltet. Es ist sehr wichtig, dass an Eingängen *immer* ein definiertes Potential liegt. Ein Eingang, der offen ist, nimmt irgendein Potential an, dass er gerade in der Umgebung (und sei es in der Luft) findet. Er ist sehr hochohmig und kann Potential, das sich am Pin aufbaut, nicht abbauen. Wenn der Pullup-Widerstand nicht eingeschaltet wäre, hätte der Eingang beim Drücken des Schalters sicheren Massepotential (**LOW**), beim Loslassen wäre er aber undefiniert. Durch den Pullup-Widerstand liegt der Eingang nach dem Loslassen auf +5V und damit **HIGH**. Wenn definierte Zustände von der Schaltung her vorliegen (beispielsweise durch externe Widerstände), darf der Pullup-Widerstand nicht dazu geschaltet werden. Dann reicht ein **INPUT**. Offene, undefinierte Eingänge sorgen immer bei Schaltvorgängen für nicht nachvollziehbare Fehler. Also immer für definierte Zustände sorgen!

Wer möchte, kann sich hier noch weitere Varianten einfallen lassen. Auf die Tipp-Abfrage des Schalters kommen wir beim Interrupt noch einmal zurück.

4.2 Würfel

Die LED sind so angeordnet, dass man das Abbild eines normalen Würfels darstellen kann. Um einen Würfel zu programmieren, haben wir zu drei Problemen Lösungen zu erstellen:

- Erkennen, dass der Taster (wir nehmen S1) gedrückt wurde. Dabei müssen wir festlegen, ob das Drücken oder das Loslassen den Würfel stoppen soll.

- Erzeugung einer Zufallszahl wischen 1 und 6.

- Umwandlung dieser Zahl in das Würfelbild.

Für jeden dieser Probleme gibt es verschiedene Lösungen. Wir werden sie uns nacheinander ansehen.

4.2.1 Erkennen des Schalters

Wichtig ist die Beantwortung der Frage, welcher Zustand des Schalters abgefragt werden soll. Wollen wir das Drücken von S1 (also **HIGH->LOW**) oder das Loslassen (**LOW->HIGH**) als Kriterium nehmen.

Der Schalter ist **LOW**-aktiv – der Ein-Zustand ist also Massepotential (**LOW**). Wir müssen deshalb auf **false** testen. Den Zustand eines Eingangs liest man mit **digitalRead()** aus und kann ihn einer Variablen zuweisen. Diese Variable kann, wenn das Drücken das Kriterium ist, direkt ausgewertet werden:

```
sch = digitalRead(S1);
if (sch == false) {
    // ...
}
```

Da wir ja wissen, dass alles, was nicht **true** ist **false** ist und wenn in der Variablen ein Wert steht ist es ja **true**, kann man auch schreiben:

```
sch = digitalRead(S1);
if (!sch) {
  // …
}
```

Oder noch kürzer (man lässt die Zuweisung zu einer Variablen einfach weg):

```
if (!digitalRead(S1)) {
  // …
}
```

Wenn das Loslassen das Kriterium ist, muss man eine **do-while**-Schleife anschließen. Das ist eine der recht seltenen Anwendungen dieser Schleifenart. Ich habe im folgenden Code-Beispiel die Kurzform genommen. Beim Auftreten des Ereignisses wird in die **do-while**-Schleife eingetreten. Das **delay(50)** sorgt dafür, dass das Ende des Prellens vom Schalters abgewartet wird. In dieser Schleife bleibt man so lange gefangen, wie der Zustand des Schalters **LOW** ist. Wenn er losgelassen wird und dann wieder **HIGH** ist, ist die **while**-Bedingung nicht mehr **true** und die Schleife wird verlassen.

```
if (!digitalRead(S1)) {
  do {
    delay(50);
  } while (!digitalRead(S1));
  // …
}
```

4.2.2 Erzeugung der Zufallszahl

Zufallszahlen werden öfters benötigt. Daher stellen die unterschiedlichen Programmiersprachen in der Regel auch Befehle zur Erzeugung derartiger Zahlen bereit. Eigentlich müsste man diese Zahlen *Pseudozufallszahlen* nennen. Sie beruhen immer auf einen bestimmten Algorithmus – und der wiederholt sich auch mal. Aus diesem Grunde dürfen z.B. Passwörter für sicherheitsrelevante Bereiche (root-Passwort u.ä.) nicht mir einem Passwortgenerator erzeugt werden.

Für den Würfel benötigen wir eine ganzzahlige Zufallszahl im Zahlenbereich von $1 \leq z \leq 6$. Zur Erzeugung der hier benötigten Zufallszahlen gibt es mehrere Möglichkeiten, die ich hier einmal andeuten möchte.

Als **erste Variante** nehmen wir die einfachste Lösung: den Arduino-Befehl hierfür:

```
random([min,] max)
```

min ist dabei optional und kennzeichnet den kleinsten möglichen Wert. max ist die obere Grenze, aber schon außerhalb. Der letzte Wert wäre demzufolge max-1. Der Datentyp ist long.

```
zufallsZahl = random(1, 7);
```

Mit dem Befehl **randomSeed(**seed**)** kann kann ein Startwert innerhalb eines Zahlenbereiches erstellt werden. Wenn beispielsweise ein unbenutzter analoger Eingangs-Pin genommen wird, kann das zufällige analoge Rauschen bei jedem **random**-Lauf einen anderen Startwert zu übergeben:

```
long zufallsZahl = 0;

void setup() {
  randomSeed(analogRead(0));  // es wir der unbenutzte analoge
                              // Eingang A0 genommen
}
void loop() {
  zufallsZahl = random(1, 7); // Zufallszahl zwischen 1 und 6
  // …
}
```

Für unseren Würfel brauchen wir aber das **randomSeed()** nicht unbedingt. Ich wollte es nur der Vollständigkeit halber erwähnen.

Wenn wir keinen Minimalwert angeben wollen, können wir auch bei 0 starten, müssen dann aber eine 1 dazu addieren (**zweite Variante**):

```
zufallsZahl = random(6);    // erzeugt Zufallszahl 0 … 5
zufallsZahl++;              // um 1 erhöhen
```

Zur Kontrolle kann man sich dann die Zufallszahlen mit der println-Funktion ausgeben lassen:

```
Serial.println(zufallsZahl);   // Ausgabe an UART-Schnittstelle mit
                               // Zeilenumbruch
```

Wenn man die „eingebaute" Variante nicht nutzen möchte, kann man auch als *dritte Variante* über die Zeit gehen. Es gibt zwei Befehle, die die Zeit angeben, die vergangen ist, sei dem das Programm gestartet ist: `millis()` in Millisekunden und micros() in Mikrosekunden. Beide sind vom Datentyp **unsigned long**. Dabei läuft `millis()` nach ca. 50 Tagen und `micros()` nach ca. 70 min. über. Zu berücksichtigen ist, dass `micros()` eine Auflösung von 4 µs hat – der zurückgegebene Wert ist immer ein Vielfaches von 4 (bei 16 MHz Taktfrequenz, bei 8 MHz beträgt der Wert 8 µs und somit 8).

Für die Zufallszahl bietet sich also `millis()` an. Wir nehmen uns einfach die abgelaufene Zeit, teilen sie durch 6 und nehmen davon den Restwert. Wir haben dann eine Zahl zwischen 0 und 5. Für die Ermittlung des Restwertes benutzen wir die Modulo-Operation:

```
zufallsZahl = millis() % 6;
zufallsZahl++;
```

Als *vierte Variante* könnte man ununterbrochen eine Zahl von 1 auf 6 durchzählen und das Zählen irgendwann einmal unterbrechen. Das Durchzählen kann man einfach mit einer for-Schleife realisieren. Als Abbruchkriterium könnte das Loslassen des Tasters (also wieder der Zustand **HIGH**, entspricht ja **true**) wählen und mit **break** die Schleife verlassen. So weit die Gedanken. Schauen wir uns einmal eine Lösung dazu an:

```
if (!digitalRead(S1)) {
  do {
    for ( byte i = 1; i <= 6; i++) {
      zufallsZahl = i;            // zufallsZahl erhält Schleifenwert
      if (digitalRead(S1)) break; // wenn S1 losgelassen wird, ist
                                  // Wert HIGH und damit true -> die
                                  // for-Schleife wird abgebrochen
    }
  } while (!digitalRead(S1));
}
```

Für die Zufallszahl reicht jetzt der Datentyp **byte** aus (1 Byte statt 4 Byte beim Typ **long**).

Das hört sich jetzt recht kleinlich an. Man sollte sich aber gleich daran gewöhnen, sparsam mit seinen Ressourcen umzugehen. Wenn die Programme größer werden ist man dann froh über jedes Byte, das man nicht verbrauchen musste.

Wir haben jetzt allein für die Zufallszahl vier Varianten realisiert. Es finden sich bestimmt noch weitere. Den Ideen sind keine Grenzen gesetzt – Hauptsache es funktioniert.

4.2.3 Anzeige der Zahl

Nun haben wir gewürfelt. Das Ergebnis muss jetzt aber auch in Form der Punkte angezeigt werden. Wir wollen ja nicht immer eine Konsole mitlaufen haben. Das macht ja auch keinen richtigen „Würfelspaß".

Wie weiter oben führen auch hier viele Wege zum Ziel. Überlegen wir uns erst einmal, wie man herangehen kann.

Wir haben sieben LED (P1 ... P7) und sechs verschiedene Zahlen (1 ... 6). Gut, eigentlich sind es ja sieben, da wir die Variable `zufallsZahl` mit `0` initiiert haben – und dieser Wert wird ja ausgegeben, solange wir nicht den Taster S1 betätigt haben. Die LED sollen, ja nach Zufallszahl, in einem bestimmten Code leuchten.

Als Tabelle sieht das so aus:

	P1	P2	P3	P4	P5	P6	P7
0	-	-	-	-	-	-	-
1	-	-	-	X	-	-	-
2	-	-	X	-	X	-	-
3	-	-	X	X	X	-	-
4	X	-	X	-	X	-	X
5	X	-	X	X	X	-	X
6	X	X	X	-	X	X	X

Tab. 2: Codierung der LED P1 bis P7 (X: ein, -: aus)

Eine *erste Variante* könnte eine einfache `if`-Abfragen sein:

```
if (zufallsZahl == 0) {
  digitalWrite(P1, LOW);
  digitalWrite(P2, LOW);
  digitalWrite(P3, LOW);
  digitalWrite(P4, LOW);
  digitalWrite(P5, LOW);
```

```
  digitalWrite(P6, LOW);
  digitalWrite(P7, LOW);
}
if (zufallsZahl == 1) {
  digitalWrite(P1, LOW);
  digitalWrite(P2, LOW);
  digitalWrite(P3, LOW);
  digitalWrite(P4, HIGH);
  digitalWrite(P5, LOW);
  digitalWrite(P6, LOW);
  digitalWrite(P7, LOW);
}
if (zufallsZahl == 2) {
  digitalWrite(P1, LOW);
  digitalWrite(P2, LOW);
  digitalWrite(P3, HIGH);
  digitalWrite(P4, LOW);
  digitalWrite(P5, HIGH;
  digitalWrite(P6, LOW);
  digitalWrite(P7, LOW);
}

if (zufallsZahl == 3) {
  // usw., bis alle Zahlen durch sind
}
```

Auf den else (bzw. else if-) Zweig verzichten wir hier. Es soll zu jeder Zahl ja eine Antwort gegeben werden.

Wir haben ja unsere Funktion **ledAus()**:

```
if (zufallsZahl == 0) {
  ledAus();
}
if (zufallsZahl == 1) {
  ledAus();
  digitalWrite(P4, HIGH);
}
if (zufallsZahl == 2) {
  ledAus();
  digitalWrite(P3, HIGH);
  digitalWrite(P5, HIGH;
}
```

```
if (zufallsZahl == 3) {
  // usw., bis alle Zahlen durch sind
}
```

Noch kürzer wird es, wenn wir das Ausschalten mit ledAus() in der S1-Tasterabfrage durchführen:

```
if (!digitalRead(S1)) {
  ledAus();
  // ...
}

if (zufallsZahl == 1) {
  digitalWrite(P4, HIGH);
}

if (zufallsZahl == 2) {
  // usw., bis alle Zahlen durch sind
}
```

Eine **zweite Variante** wäre die Verwendung der **switch-case**-Operation, die eigentlich auch nichts anderes ist, als fortgesetzte if-Abfragen. Dabei aber beachten: die übergebenen Variablen für **switch** und **case** dürfen nur **int**, **char** oder **byte** sein. Also nicht **long**! Daher eventuell umwandeln mit:

(int)zufallsZahl
oder
int(zufallsZahl)

Abfrage mit switch-case:

```
switch (zufallsZahl) {
  case 1:
    digitalWrite(P4, HIGH);
    break;
  case 2:
    digitalWrite(P3, HIGH);
    digitalWrite(P5, HIGH);
    break;
  // usw.
  default:
    ledAus();
    break;
```

}

Als **dritte Variante** könnte man *Arrays* verwenden. In einem Array kann man unter einem Namen, aber an verschiedenen Positionen, Werte abspeichern. Es wird immer mit Schubkästen in einem Schrank verglichen. Ich finde es besser, durchnummerierte Schachteln in einer Schachtel zu sehen. Jeder muss sich seine Vorstellung dazu erarbeiten. In meinem Unterricht habe ich immer betont: wer das Array begriffen hat, wird es lieben – wer es nicht begriffen hat hassen.

Schauen wir uns einfach einmal an, wie wir hier herangehen können:

Wir bilden ein Array mit sieben Feldern (oder Boxen, oder …). Sieben bietet sich an, damit wir den Zustand **0** auch erfassen können. Und das ist eigentlich auch ganz praktisch: das Zählen der Felder im Array beginnt ja mit **0**.

In den Feldern des Array können nicht nur einzelnen Werte abgelegt werden, sondern auch wieder Arrays. Es sind dann mehrdimensionale Arrays (in diesem Fall zweidimensional). In diesen eingebundenen Arrays legen wir einfach den Schaltzustand der LED (`HIGH = 1, LOW = 0`).

		Arrays mit Zuständen innerhalb des Hauptarrays					
		P1 [0]	P2 [1]	P3 [2]	P4 [3]	P5 [4]	P6 [5]	P7 [6]
Hauptarray	[0]	0	0	0	0	0	0	0
	[1]	0	0	0	1	0	0	0
	[2]	0	0	1	0	1	0	0
	[3]	0	0	1	1	1	0	0
	[4]	1	0	1	0	1	0	1
	[5]	1	0	1	1	1	0	1
	[6]	1	1	1	0	1	1	1

Tab. 3: Zuordnung der Zustände zu den Array-Feldern

Das Array nennen wir mal **matrix** und definieren es im Bereich der globalen Variablen:

```
int matrix[7][7] = {
//P1   P2   P3   P4   P5  P6   P7
  {0,   0,   0,   0,   0,  0,   0},         // Zahl 0
```

```
    {0,  0,  0,  1,  0,  0,  0},    // Zahl 1
    {0,  0,  1,  0,  1,  0,  0},    // Zahl 2
    {0,  0,  1,  1,  1,  0,  0},    // Zahl 3
    {1,  0,  1,  0,  1,  0,  1},    // Zahl 4
    {1,  0,  1,  1,  1,  0,  1},    // Zahl 5
    {1,  1,  1,  0,  1,  1,  1}     // Zahl 6
};
```

In den Kommentaren habe ich noch einmal die Zuordnung geschrieben. Die Auswertung ist dann ganz einfach (die Zufallszahl ist wieder **int** oder **byte**):

```
digitalWrite(P1, matrix[zufallsZahl][0]);
digitalWrite(P2, matrix[zufallsZahl][1]);
digitalWrite(P3, matrix[zufallsZahl][2]);
digitalWrite(P4, matrix[zufallsZahl][3]);
digitalWrite(P5, matrix[zufallsZahl][4]);
digitalWrite(P6, matrix[zufallsZahl][5]);
digitalWrite(P7, matrix[zufallsZahl][6]);
```

Mit der Zufallszahl wird das Array mit den Schaltzuständen ausgewählt. Damit ist eine ganz einfache Zuordnung von Schaltzuständen zu der gewürfelten Zahl möglich. Nur muss man sich eben mit einem Array anfreunden.

4.3 Codeschloss

Es soll ein elektronisches Schloss mit folgender Aufgabenstellung realisiert werden:

- Taster S1 und S2 werden für die Eingabe des Codes verwendet, S3 aktiviert die Öffnung.

- Richtiger Code: S1 3 mal nacheinander und S2 2 mal nacheinander gedrückt. Das Drücken wird mit der gelben LED P2 signalisiert.

- Bei richtiger Eingabe leuchtet die grüne LED P3, bei falscher Eingabe leuchtet die rote LED P1.

Beim Codeschloss liegt das Hauptproblem im Zählen von Tastendrücken der Schalter.

Mechanische Schalter (vor allem Taster und Mikrotaster mit federnden Kontakten) haben die unangenehme Eigenschaft zu prellen. Nach dem Öffnen oder Schließen schwingen sie noch ein paar mal hin und her. Je nach Schalter dauert das zwischen 100 µs bis über 5 ms. Aus einem (gewünschten) Tastendruck wird eine nicht vorhersehbare Anzahl von mehreren Kontakten.

Wenn es nur darum geht, beispielsweise eine Last einzuschalten, spielt das keine weitere Rolle. Kompliziert wird es, wenn Schaltzustände gezählt werden sollen. Man weiß nie, wie oft der Schalter die Zustände wechselt, bis er stabil ist (siehe Bild oben). Die Lösung ist aber recht einfach: man wartet nach Auslösung eine Weile und schaut dann nach, ob der Auslösezustand (also `LOW->HIGH` bzw. `HIGH->LOW`) immer noch da ist. um die 30 ms sind da in der Regel ausreichend. Wenn das der Fall ist, gilt der Zustand.

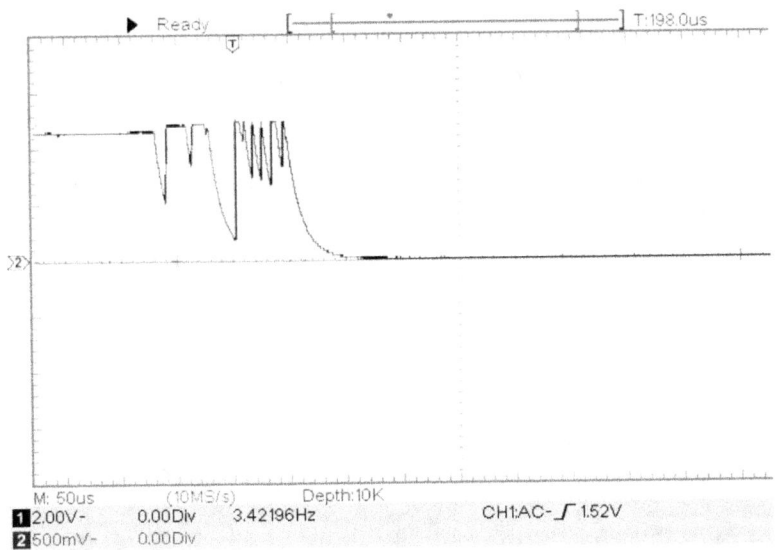

Abb. 12: Oszilloskop-Aufnahme eines prellenden Schalters

4.3.1 Entprellen eines Schalters

Neben verschiedenen Hardwarelösungen (Flip-Flop, Kondensator zum Glätten der Schwingungen usw.) gibt es eine recht einfache Softwarelösung: Nach der Betätigung des Tasters wartet man 30...50 ms und überprüft, ob der Taster immer noch gedrückt ist. Bis dahin dürfte er sich ausgeschwungen und sicheren Kontakt haben.

```
if (!schalter) {   //schalter schaltet gegen GND (false), !false=true
    delay(50);
```

```
if (!schalter) {
  // mache was)
  }
}
```

In der `if`-Abfrage habe ich hier eine Kurzform gewählt. Die Abfrage testet ja eine Bedingung auf **true**. Wenn diese dann wahr ist, wird der Schleifenkörper ausgeführt. Wir schalten hier gegen Masse (**GND**). Durch den Pullup-Widerstand hat der offene Taster den Wert **+VCC**, also **true**. Die Negation (durch das Ausrufezeichen) kehrt den Wahrheitswert um (in **false**). Drücken des Schalters erzeugt **false** und durch die Negation haben wir unser **true**.

4.3.2 Auswertung der Tastendrücke

Zuerst werden einige Präprozessoranweisungen durchgeführt. An deren Stelle könnten auch Variablen (**byte** oder **int**) definiert werden. Die Präprozessoranweisungen haben aber den Vorteil, dass sie keinen zusätzlichen Speicherplatz im Flash beanspruchen. Hier würde es keine Rolle spielen. Aber es ist immer gut, wenn man sich rechtzeitig an eine speicherplatzoptimierte Programmierung gewöhnt:

```
#define ledRt 13
#define ledGb 12
#define ledGn 11
#define S1 2
#define S2 3
#define S3 4
```

Danach deklarieren wir Variablen:

```
const byte wertS1 = 3;
const byte wertS2 = 2;
byte count1, count2;
```

wertS1 und **wertS2** legen fest, wie oft der Taster jeweils gedrückt werden soll. Sie werden als Konstante deklariert. **count1** und **count2** müssen nicht initialisiert werden, da sie automatisch den Startwert **0** erhalten.

Zwei Funktionen sorgen dafür, dass die LED ausgeschaltet und die Zähler zurück gesetzt werden. Diese Funktionalität kann auch in das laufende Programm geschrieben werden. Aber wenn gleiche Abläufe mehr als einmal auftauchen, ist eine Zusammenfassung zur Funktion sinnvoll.

```
void ledAus() {
  digitalWrite(ledRt, LOW);
  digitalWrite(ledGb, LOW);
  digitalWrite(ledGn, LOW);
}

void countNull() {
  count1 = 0;
  count2 = 0;
}
```

Im Setup kann auch der Baudwert für die serielle Schnittstelle angegeben werden, damit man sich Kontrollwerte ausgeben lassen kann. Wir nutzen das im weiteren Programm allerdings nicht.

```
void setup() {
  Serial.println(115200);
  pinMode(ledRt, OUTPUT);
  pinMode(ledGb, OUTPUT);
  pinMode(ledGn, OUTPUT);
  pinMode(S1, INPUT_PULLUP);
  pinMode(S2, INPUT_PULLUP);
  pinMode(S3, INPUT_PULLUP);
  ledAus();
}
```

In der Hauptschleife zählen wir die Tastendrücke. Dabei wird S2 erst ausgewertet, wenn S1 die erforderliche Zahl der Tastendrücke erreicht hat. Die gelbe LED zur Signalisierung des Tastendrucks leuchtet aber auch, wenn nicht gezählt wird.

```
void loop() {
  if (!digitalRead(S1)) {
    delay(50);
    if (!digitalRead(S1)) {
      digitalWrite(ledGb, HIGH);
      count1++;

      do {
      } while (!digitalRead(S1));
      digitalWrite(ledGb, LOW);
    }
  }
```

```
// erst, wenn S1 3x gedrückt wurde, wird S2 abgefragt
if (count1 == wertS1) {
  if (!digitalRead(S2)) {
    delay(50);
    if (!digitalRead(S2)) {
      digitalWrite(ledGb, HIGH);
      count2++;

      do {
      } while (!digitalRead(S2));
      digitalWrite(ledGb, LOW);
    }
  }
} else {
  digitalWrite(ledGb, (digitalRead(S2)? LOW: HIGH));
}
```

Mit S3 erfolgt dann die Auswertung. Wenn die richtige Anzahl der Tasteneingaben erfolgt, leuchtet grün – ansonsten rot.

```
if (!digitalRead(S3)) {
  delay(50);
  if (!digitalRead(S3) && count1 == wertS1 && count2 == wertS2) {
    digitalWrite(ledGn, HIGH);
    countNull();
    delay(2000);
  } else {
    digitalWrite(ledRt, HIGH);
    countNull();
    delay(2000);
  }
}
ledAus();
}
```

Das Codeschloss ist noch nicht ideal. Man hat die Möglichkeit, die Eingabe mit S1 zu unterbrechen und mit S2 weiterzumachen (ohne, das hier gezählt wird). Wenn ich dann mit S1 weitere Eingaben (bis zu vollständigen Zahl) mache und dann mit S2 die richtige Anzahl tätige, bekomme ich „grün".

Wer möchte, kann hier ja noch etwas experimentieren.

4.4 Ampelanlage

4.4.1 Ampelschaltung

Af der Platine stellt die linke Seite die Ampel in einer Fahrtrichtung und die rechte Seite die der kreuzenden Straße dar. In der Mitte ist die Ampel für die Fußgänger (es wird dann festgelegt, für welche Straße es gelten soll).

Es sollen folgende Festlegungen gelten:

Zustand	Ampel1	Ampel2	Zeit
0	rot	grün	2s
1	rot	gelb	2s
2	rot-gelb	gelb	1s
3	grün	rot	5s
4	gelb	rot	2s
5	gelb	rot-gelb	1s

Tab. 4: Zustände Ampel

Man könnte jetzt ganz konventionell vorgehen:

- LEDs mit **#define** definieren oder als **byte** initialisieren
- alle auf Ausgang stellen
- in `loop()` nacheinander alle Schaltvarianten abbilden

Ich habe eine etwas andere Variante gewählt.

Die LED und die einzelnen Schaltzustände werden jeweils in ein Array abgebildet:

```
const byte zustand[6][7] = {
  // Schaltzustände Ampel
  //     A1        A2
  //rt gb gn rt gb gn zeit
  { 1, 0, 0, 0, 0, 1, 5 },   // Zustand 0
  { 1, 0, 0, 0, 1, 0, 2 },   // Zustand 1
  { 1, 1, 0, 0, 1, 0, 1 },   // Zustand 2
  { 0, 0, 1, 1, 0, 0, 5 },   // Zustand 3
```

```
  { 0, 1, 0, 1, 0, 0, 2 },  // Zustand 4
  { 0, 1, 0, 1, 1, 0, 1 }   // Zustand 5
};
const byte ampel[] = { 13, 12, 11, 9, 8, 7 };  // A1: 0...2; A2: 3...5
const int ZEIT = 1000;
```

Da diese Werte sich nicht ändern, werden sie als Konstante festgelegt. Zusätzlich kommt die Konstante **ZEIT**. In ihr wird der Wert von 1000 ms = 1 s festgelegt. Diesen Wert nehmen wir, um die Pausen mit dem 6. Wert des untergeordneten Arrays zu berechnen. Für die eigentliche Ampelschaltung verwenden wir eine Funktion, der wir die Nummer des Zustandes übergeben. In ihr wird dann die Schaltung der LED organisiert. Dabei wird ausgenutzt, dass **HIGH = 1** und **LOW = 0** definiert ist. Zusätzlich wird die Pause berechnet:

```
void schaltung(byte zust) {
  for (byte i = 0; i < 6; i++) {
    digitalWrite(ampel[i], zustand[zust][i]);
  }
  delay(ZEIT * zustand[zust][6]);
}
```

Im setup() netzen wir den Umstand, dass die LED sich an fortlaufenden Pins befinden. Bei der Gelegenheit werden die LED für die Fußgängerampel, die wir später einbauen, bereits berücksichtigt.

```
void setup() {
  for (byte i = 5; i <= 13; i++) {
    pinMode(i, OUTPUT);      // P1 ... P9 Ausgang
    digitalWrite(i, LOW);    // alle LED aus
  }
}
```

Die Hauptschleife wird jetzt recht schlank. Wir müssen einfach nacheinander alle Zustände aufrufen. Die Funktion **schaltung()** übernimmt die Schaltung der LEDs und auch gleichzeitig die Pausenabstände. Das geht ganz bequem in einer **for**-Schleife:

```
void loop() {
  for (byte i = 0; i <= 5; i++) {
    schaltung(i);
  }
}
```

4.4.2 Fußgängerampel

Bei der Fußgängerampel soll die Umschaltung angefordert werden. Wenn sich keine Fußgänger da sind, die die Straße überqueren wollen, muss der Fußgängerüberweg ja auch nicht berücksichtigt werden. Der Fußgänger drückt S1 und die weiße LED (P9) zeigt den Wunsch an. Ein Flag speichert das zwischen. Wir definieren hier: wenn die linke Ampel grün schaltet, schaltet auch der Fußgänger auf grün und die weiße LED aus. Bei gelb wird der Fußgängerüberweg wieder rot.

Hier haben wir aber ein kleines Problem: wir wissen nicht, wann der Knopf für die Anforderung gerückt wird.

Eine Lösung ist die Verwendung von Interrupts. Interrupts können beim Arduino Uno über die IO-Pins 2 und 3 ausgelöst werden. Der Befehl für Interrupts ist:

`attachInterrupt(digitalPinToInterrupt(pin), ISR, mode);`

Bei *pin* geben wir an, welcher der beiden Pins gemeint ist. *ISR* ist die Interruptserviceroutine. Das ist einfach eine Funktion, die bei Auslösung eines Interrupts ausgelöst wird. Hier sollte so wenig wie möglich getan werden. An dieser Stelle wird die Bezeichnung der Funktion ohne die Klammern geschrieben. Daraus kann auch ersehen werden, dass man dieser Funktion keine Parameter übergeben kann. Mit *mode* ist festgelegt, was den Interrupt auslöst. Interrupts haben es ein Problem mit **delay()** (nutzt auch Interrupt). **millis()** zählt innerhalb der ISR ebenfalls nicht hoch.

Wir fügen deshalb eine neue Funktion ein und schreiben jetzt statt **delay()** **zeit()**:

```
void zeit(int wert)
{
    unsigned long time = millis();
    do {
    } while (millis() <= time + wert);
}
```

Wir benötigen noch Variablen für die Ampel und die ISR selbst:

```
const byte LED_WS = 5;
const byte F_GN = 10;
const byte F_RT = 6;
```

```
const byte S1 = 2;
bool flag = false;
```

die Interruptserviceroutine:

```
void wsEin() {
  flag = true;
  digitalWrite(LED_WS, HIGH);
}
```

setup() ergänzen wir mit:

```
  pinMode(S1, INPUT_PULLUP);
  attachInterrupt(digitalPinToInterrupt(S1), wsEin, LOW);
```

und **schaltung()** wird zu:

```
void schaltung(byte zust) {
  for (byte i = 0; i < 6; i++) {
    digitalWrite(ampel[i], zustand[zust][i]);
  }
  if (flag && zust == 3) {
    digitalWrite(F_GN, HIGH);
    digitalWrite(F_RT, LOW);
    digitalWrite(LED_WS, LOW);
    flag = false;
  } else {
    digitalWrite(F_GN, LOW);
    digitalWrite(F_RT, HIGH);
  }
  zeit(ZEIT * zustand[zust][6]);
}
```

Jetzt schaltet die Fußgängerampel, wenn durch S1 ein Interrupt ausgelöst wurde, im Zustand 3 auf grün und danach wieder auf rot.

Experimente: LCD, Analog, US

5 Experimente: LCD, Analog, US

5.1 RGB

Auf der Platine befindet sich eine RGB-LED. Es können einzelne LED geschaltet werden:

```
#define ledRt 10
#define ledGn 8
#define ledBl 9

void setup() {
  pinMode(ledRt, OUTPUT);
  pinMode(ledGn, OUTPUT);
  pinMode(ledBl, OUTPUT);
}

void loop() {
  digitalWrite(ledRt, HIGH);
  delay(1000);
  digitalWrite(ledGn, HIGH);
  delay(1000);
  digitalWrite(ledBl, HIGH);
  delay(1000);
  digitalWrite(ledRt, LOW);
  delay(1000);
  digitalWrite(ledGn, LOW);
  delay(1000);
  digitalWrite(ledBl, LOW);
  delay(1000);
}
```

oder auch gedimmt werden:

```
#define ledRt 10

void setup() {
  pinMode(ledRt, OUTPUT);
}

void loop() {
```

```
for (byte i = 0; i < 255; i++) {
  analogWrite(ledRt, i);
  delay(20);
}
for (byte i = 255; i > 0; i--) {
  analogWrite(ledRt, i);
  delay(20);
}
}
```

5.2 LCD-Display

5.2.1 LCD-Anzeige

Auf der Platine befindet sich die Buchsenleiste X1. Auf diese kann das LCD-Modul, das den Industriestandard HD44780 (oder kompatible Controller) unterstützt mit der 16 poligen Steckerleiste direkt aufgesteckt werden.

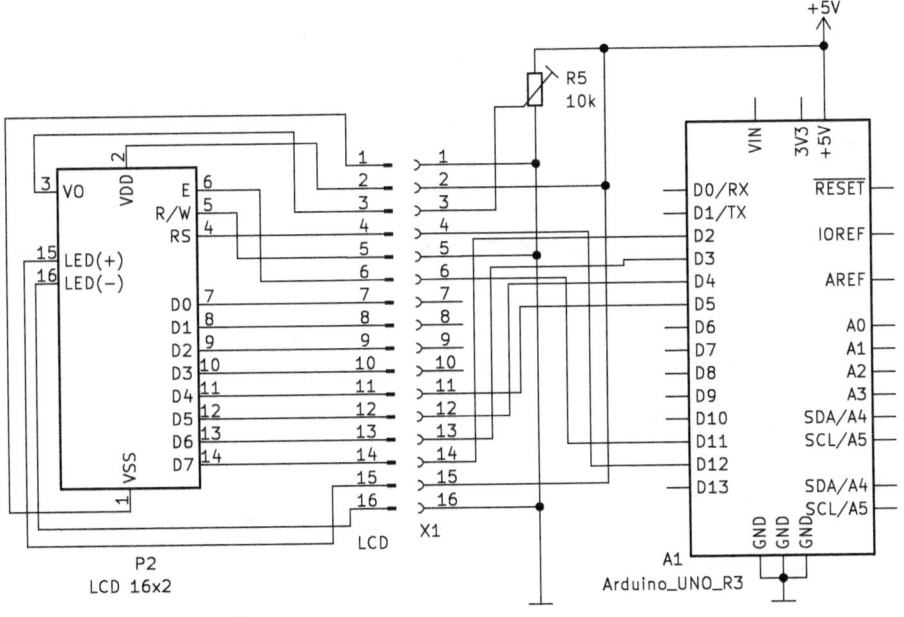

Abb. 13: Anschluss des LCD-Displays an die Platine

LCD-Anzeigen können können im 4-bit- oder 8-bit-Modus betrieben werden. Der 8-bit-Modus ist etwas schneller, da bei 4-bit-Modus zweimal Daten übertragen werden müssen, damit ein Byte übertragen wird. Der Geschwindigkeitsvorteil ist aber kaum merkbar. Aus diesem Grunde wird eigentlich nur der 4-bit-Modus benutzt und spart somit Anschlüsse am Arduino.

Wir schließen hier nur die **DB4** ... **DB7** an. Der Anschluss **E** ist der Takteingang/Enable. **R/W** schaltet zwischen Lese- und Schreibzugriff um.

Um die Umschaltungen zwischen Lesen und Schreiben sowie den Takt brauchen wir uns durch eine Bibliothek nicht zu kümmern:

```
#include <LiquidCrystal.h>
```

Wir müssen nur dem LCD-Modul zuweisen, welche I/O-Pins vom Arduino Uno für welche Aufgabe zuständig ist.

Dazu erstellen wir ein Objekt vom Typ `LiquidCrystal`:

```
//D12: RS, D11: E, D5: DB4, D4: DB5, D3; DB6, D2: DB7
LiquidCrystal lcd(12, 11, 5, 4, 3, 2);
```

Im `setup()` definieren wir das LCD-Modul als ein Modul, das 16 Zeichen pro Zeile und 2 Zeilen hat:

```
void setup() {
  lcd.begin(16, 2);    // 16 Zeichen in 2 Zeilen.
}
```

Die Stelle des Cursors wird, wie bei Arrays üblich, mit **0** gestartet:

```
void loop() {
  lcd.setCursor(0, 0);      // Startposition: 1. Zeichen, 1. Zeile.
  lcd.print("Anzeigetest"); // Text schreiben
  lcd.setCursor(0, 1);      // 1. Zeichen, 2. Zeile.
  lcd.print("DM6RAC");
}
```

Wenn man ein LCD-Display mit I²C-Schnittstelle hat, kann man es über **SCL** (bzw. **A5**) und **SDA** (bzw. **A4**) anschließen. Zusätzlich dann noch die Betriebsspannung. So ein LCD-I2C-Converter hat entweder die Adresse **0x27** oder **0x3F** (einfach ausprobieren).

Zusätzlich müssen wir noch die Bibliothek `LiquidCrystal_I2C` über den Bibliotheksmanager installieren.

Das Programm sieht dann so aus:

```
#include <Wire.h>
#include <LiquidCrystal_I2C.h>

// LCD-Adresse 0x27 (bzw. 0x3F), 16 Zeichen, 2 Zeilen
LiquidCrystal_I2C lcd(0x27,16,2);

void setup() {
    lcd.init();
    lcd.backlight();
}

void loop() {
    lcd.setCursor(0,0);
    lcd.print("Anzeigetest");
    lcd.setCursor(0, 1);
    lcd.print("DM6RAC");
}
```

Weitere Befehle findet man unter [6].

5.2.2 Uhr mit LCD

Als nächstes Experiment wollen wir eine Uhr darstellen. Dabei sollen auch dir führenden Nullen bei einstelligen Zahlen dargestellt werden. Der Nachteil vielleicht ist, dass die Uhr sich nicht selbst stellt, sondern wir den Startwert vorgeben müssen.

Ich gehe wieder auf die Variante mit dem Display, das direkt auf die Platine gesteckt wird zurück. Wer nur das Display mit I²C-Bus hat, muss die kleinen Änderungen (s. o.) selbst durchführen.

Nach dem Einbinden der Bibliothek und die Erstellung des Objektes `lcd` benötigen wir die Variablen für den Anfangszustand der Uhr:

```
#include <LiquidCrystal.h>

LiquidCrystal lcd(12, 11, 5, 4, 3, 2);

byte h = 17;
byte m = 7;
byte s = 30;
```

Um die die Minuten nach den Stunden und die Sekunden nach den Minuten darzustellen, müssen wir für Stunden, Minuten und Sekunden jeweils verschiedene Startwerte für den Cursor angeben. Bei der Gelegenheit schreiben wir auch, falls notwendig, die führende 0 davor:

```
// führende Null in Abhängigkeit Stunden, Minuten, Sekunden
void nullWert(byte zahl, String typ) {
    if (typ.equals("h")) lcd.setCursor(0,1);
    if (typ.equals("m")) lcd.setCursor(3,1);
    if (typ.equals("s")) lcd.setCursor(6,1);
    if (zahl <= 9) lcd.print("0");
}
```

equals() ist eine Methode des Objektes **String**. Sie vergleicht den übergebenen String mit dem Wert in der Klammer. Bei Übereinstimmung liefert sie **true** zurück.

In der eigentlichen Uhr-Funktion werden nur die Sekunden, Minuten und Stunden hochgezählt.

```
// die eigentliche Uhr
void uhr() {
    s++;
    if (s == 60) {
        s = 0;
        m++;
    }
    if (m == 60) {
        m = 0;
        h++;
    }
    if (h == 24) h = 0;
}
```

Im `setup()` legen wir fest, dass die Anzeige aus 16 Zeichen und 2 Zeilen bestehen soll. Bei I²C wird das ja schon bei der Initialisierung des Objektes getan:

```
void setup() {
    lcd.begin(16, 2);
}
```

In der Hauptschleife läuft die Anzeige:

```
void loop() {
    lcd.setCursor(0,0);
    lcd.print("Aktuelle Zeit:");
    // Stunden
    nullWert(h, "h");
    lcd.print(h);
    lcd.setCursor(2,1);
    lcd.print(":");
    // Minuten
    nullWert(m, "m");
    lcd.print(m);
    lcd.setCursor(5,1);
    lcd.print(":");
    // Sekunden
    nullWert(s, "s");
    lcd.print(s);
    delay(1000);
    uhr();
}
```

Es werden hier zuerst die Angaben ausgewertet, die wir als Startzeit eingegeben haben. Danach erfolgt eine Pause von 1 s (`delay(1000)`) und danach wird die Zahl der Sekunden um eins erhöht.

5.3 Messen von Spannungen

Der Atmega832, der im Arduino Uno verbaut ist, besitzt die für analogen Eingänge eine Analog-Digital-Wandler. Die Genauigkeit beträgt bei den Eingängen **A0** ... **A3** 10 bit und bei **A4** und **A5** 8 bit.

Gemessen wird gegen Masse (**GND**). Zur Bestimmung der Spannung an den analogen Eingängen wird eine *Referenzspannung* genutzt. Der Defaultwert ist dabei die Betriebsspannung des Arduino Uno. Wir sollten berücksichtigen, dass beim Betrieb des Arduino Uno über die USB-Schnittstelle selten 5 V zur Verfügung stehen. Es sind meistens Spannungen um die 4,85 V. Bei der Messung an den Eingängen wird das Verhältnis der Eingangsspannung zur Referenzspannung ermittelt. Bei 10 Bit und 1024 Stufen (0 ... 1023) wäre dann das eine Genauigkeit von 4,88 mV.

Mit dem Befehl analogReference(wert) kann die verwendete Referenzspannung verändert werden. Für wert sind folgende Optionen beim Arduino Uno möglich:

- **DEFAULT**
  Wenn nicht aus irgendwelchen Gründen umgestellt werden muss, braucht man analogReference(DEFAULT) nicht zu schreiben.

- **INTERNAL**
  Hier wird eine eingebaute Referenz des Atmega328 verwendet. Sie beträgt 1,1 V.

- **EXTERNAL**
  Es kann am Pin AREF eine Spannung bis max. 5 V angelegt werden. Diese wird dann als Referenzspannung benutzt.

Die Spannung wird nicht direkt ausgegeben, sondern nur in den jeweiligen Bit-Stufen. Um einen Zahlenbereich darzustellen, der die Messung widerspiegelt, kann man die Funktion map() nutzen. Sie hat die Syntax:

map(value, fromLow, fromHigh, toLow, toHigh);

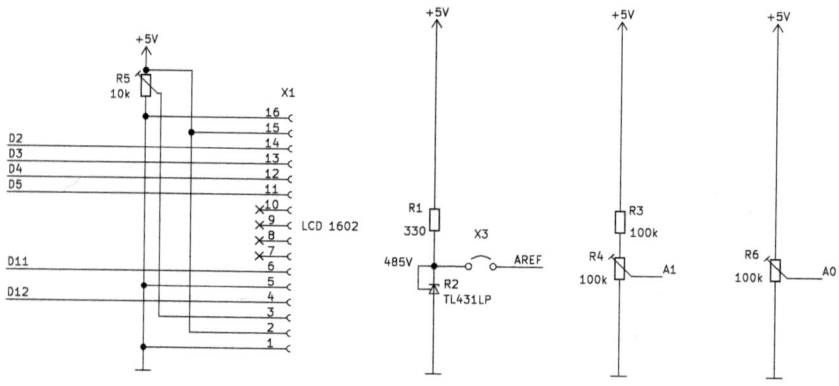

Abb. 14: Schaltungsauszug für analoge Messungen

5.3.1 Messung mit DEFAULT

Für Messung verwenden wir den Eingang **A0**. Mittels R6 können wir eine Spannung von 0 ... 5 V an diesem Eingang einstellen. Für das Experiment benötigen wir also eine zusätzliche Spannungsquelle.

Zur Anzeige verwenden wir die LCD-Anzeige, mit der wir ja schon im vorherigen Versuch gearbeitet haben. Wir wollen die Bitzahl und die daraus ermittelte Spannung darstellen:

```
#include <LiquidCrystal.h>
LiquidCrystal lcd(12, 11, 5, 4, 3, 2);

int analogPin = A0;
int bitWert;
float spannung;

void setup() {
  lcd.begin(16, 2);
  Serial.begin(115200);
}

void loop() {
  bitWert = analogRead(analogPin);
  spannung = map(bitWert, 0, 1023, 0, 500);
  Serial.println(bitWert);
  Serial.println(spannung);
  Serial.println();

  lcd.clear();
  lcd.setCursor(0, 0);
  lcd.print("Spannung:");
  lcd.setCursor(0, 1);
  lcd.print(bitWert);
  lcd.print(" = ");
  lcd.print(spannung/100);
  lcd.print(" V");
  delay(500);
}
```

Zur Kontrolle am Seriellen Monitor können wir uns die Werte noch einmal ausgeben lassen. Der Befehl `lcd.clear()` bewirkt, dass das Display vor jedem Schreiben gelöscht wird. Bestehende Werte werden ja immer überschrieben.

Wenn allerdings am Ende noch Werte stehen (weil beispielsweise die Bitzahl nicht mehr 3-, sondern nur noch 2-stellig ist), bleiben sie und werden zusätzlich angezeigt. Das vermeiden wir, indem wir das Display zuerst löschen.

5.3.2 Messung mit INTERNAL

Hier verwenden wir den Eingang **A1** und regeln mit R3. In **map()** legen wir hier die obere Grenze der Umsetzung auf 110.

Hinzugekommen ist die Anweisung **analogReference(INTERNAL)** im Setup. Spannungen oberhalb von 1,1 V werden nicht mehr angezeigt.

```
#include <LiquidCrystal.h>
LiquidCrystal lcd(12, 11, 5, 4, 3, 2);

int analogPin = A1;
int bitWert;
float spannung;

void setup() {
  lcd.begin(16, 2);
  analogReference(INTERNAL);
}

void loop() {
  bitWert = analogRead(analogPin);
  spannung = map(bitWert, 0, 1023, 0, 110);

  lcd.clear();
  lcd.setCursor(0, 0);
  lcd.print("Spannung:");
  lcd.setCursor(0, 1);
  lcd.print(bitWert);
  lcd.print(" = ");
  lcd.print(spannung / 100);
  lcd.print(" V");
  delay(500);
}
```

5.3.3 Messung mit EXTERNAL

Auf der Platine befindet sich eine Spannungsreferenz, die mit dem TL431 eine Festspannung von 2,485 V erzeugt. Diese wird mit dem Pin AREF verbunden (Brücke nicht vergessen zu stecken). In `map()` gehen wir jetzt bis 2485 und teilen dann später durch 1000:

```
#include <LiquidCrystal.h>
LiquidCrystal lcd(12, 11, 5, 4, 3, 2);

int analogPin = A1;
int bitWert;
float spannung;

void setup() {
  lcd.begin(16, 2);
  analogReference(EXTERNAL);
}

void loop() {
  bitWert = analogRead(analogPin);
  spannung = map(bitWert, 0, 1023, 0, 2485);

  lcd.clear();
  lcd.setCursor(0, 0);
  lcd.print("Spannung:");
  lcd.setCursor(0, 1);
  lcd.print(bitWert);
  lcd.print(" = ");
  lcd.print(spannung / 1000);
  lcd.print(" V");
  delay(500);
}
```

5.4 Entfernungsmessung mit HC-SR04

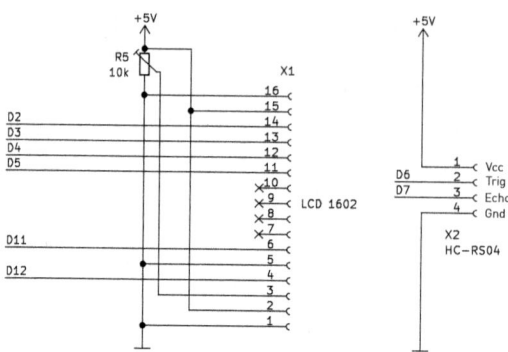

Abb. 15: Schaltungsauszug Ultraschall-Sensor

Der Sensor HC-SR04 ist ein preiswerter Ultraschall-Sensor. Er besteht aus einem Sender und Empfänger inkl. deren Ansteuerung). Neben der Betriebsspannung hat der Sensor noch einen Anschluss zum Triggern und einen für das empfangene Signal. Ausgelöst durch einen Trigger-Impuls wird ein Ultraschallsignal ausgesendet. Der Empfänger wartet auf das Echo. Aus der Differenz der Zeit zwischen Ping und Echo kann die Entfernung bestimmt werden.

Die normale Ausbreitungsgeschwindigkeit des Schalls in der Luft beträgt bei einer Temperatur von 20°C 343 ms^{-1}. Wer die Geschwindigkeit bei anderen Temperaturen ausrechnen möchte, kann folgende Formel verwenden:

v = 331,5 + (0,606 × t)   (t in °C ergibt ms^{-1})

Über den Trigger-Pin lösen wir das Sendesignal aus und lauschen auf die Antwort. Die Laufzeit wird mit **pulseIn**(*echopin*, *wert*) gemessen. Wenn wert **HIGH** ist, wartet **pulseIn()** auf den Wechsel auf **HIGH**, startet einen Timer und stoppt ihn, wenn der *echopin* wieder auf **LOW** wechselt. Die Zeit wird in Mikrosekunden gemessen.

```
#include <LiquidCrystal.h>
LiquidCrystal lcd(12, 11, 5, 4, 3, 2);

int trigPin = 6;
int echoPin = 7;
float v = 331.5 + 0.606 * 20;            // m/s
```

```
void setup() {
    pinMode(trigPin, OUTPUT);
    pinMode(echoPin, INPUT);
    lcd.begin(16, 2);
}

float entfernungInM() {
    // Sendet Schallimpuls
    digitalWrite(trigPin, LOW);
    delayMicroseconds(3);
    digitalWrite(trigPin, HIGH);
    delayMicroseconds(5);
    digitalWrite(trigPin, LOW);

    // Lauscht auf Echo
    float tUs = pulseIn(echoPin, HIGH);     //Mikrosekunden
    float t = tUs /1000.0 / 1000.2;         // s
    float d = t * v / 2;                    // m (Hin- und Rückweg)
    return d;
}

void loop() {
  lcd.clear();
  lcd.setCursor(0, 0);
  lcd.print("Entfernung:");
  lcd.setCursor(0, 1);
  lcd.print(entfernungInM());
  lcd.print(" m");
  delay(200);
}
```

Die Anzeige erfolgt wieder auf dem LCD-Display.

6 Literaturhinweise

[1] Bischof, J.: eastpower. [Online]
https://github.com/eastpower/Arduino-Experimente
Stand: 30.12.2022

[2] Bischof, J.: KiCad 6 - Kurzer Einstieg für den Praktiker. Eigenverlag.
Wulkenzin 2022 (erhältlich über Amazon)

[3] www.mikrocontroller.net. Platinenhersteller.
[Online] https://www.mikrocontroller.net/articles/Platinenhersteller
Stand: 28.12.2022

[4] Arduino - Home. [Online] https://www.arduino.cc
Stand: 25.12.2022

[5] Shop Eckstein GmbH. [Online]
https://eckstein-shop.de/
Stackable-Header-Kit-Compatible-with-Arduino-UNO-R3-Leonardo
Stand: 01.01.2023

[6] Arduino - Reference. LiquidCrystal.
[Online] https://www.arduino.cc/reference/en/libraries/liquidcrystal/
Stand: 11.01.2023

Bücher

Dieses Buch gibt einen Einstieg für das Programm KiCad 6. Mit diesem Programm können Schaltungen gezeichnet und Platinenlayouts erstellt werden. Es ist für den Praktiker gedacht, der seine Schaltungen professionell zeichnen und dann daraus auch Platinen herstellen (lassen) möchte. Im Buch werden die Schritte und Einstellungen aufgezeigt, die man eigentlich in der Regel nur benötigt. Das Programm kann aber viel mehr. Probleme, wie Abstände bei Hochspannungen oder Mikrowellenleitungen, gehören meistens ja nicht zum Alltag des Amateurs.

Inhalt:

- Allgemeine Hinweise zur Gestaltung der Leiterplatte
- Installation von KiCad 6
- Schaltplaneditor
- Platineneditor
- Erstellung von Gerber-Dateien für die Platinenherstellung bei Dienstleistern

Jörg Bischof

Mikrocontrollerprojekte mit Arduino, ATmega, ESP32 und Co.

Von der Idee zum fertigen Projekt

Dieses Buch soll keine Ansammlung von Programmierbeispielen zur Lösung aller möglichen und unmöglichen Probleme sein. Das Ziel ist mehr die Heranführung an die Lösung von eigenen Projekten. Dazu werden zuerst die grundlegenden Gesetze der Elektrotechnik, die man zum Aufbau von Schaltungen mit Mikrocontrollern unbedingt wissen muss, kurz erläutert.

Es wird die Arduino IDE zur Programmierung von Arduino und ESP8266 sowie ESP32 und das Microchip Studio für ATmegaXX- Controller erläutert.

Eingegangen wird auch auf grundlegende Befehle und Operationen, die man zur Programmierung in der Sprache des Arduino sowie C/C++ benötigt. Anhand von wenigen Programmierbeispielen soll gezeigt werden, wie an die Lösung von eigenen Programmierproblemen herangegangen werden kann.

Es wird gezeigt, dass es nicht nur eine Lösung geben muss, um zum gewünschten Ergebnis zu kommen.

Dieses kleine Buch hat die Aufgabe, die Nutzung grundlegender Befehle der Arduino IDE vorzustellen. Es kann, und soll, keine komplette Anweisung zur Programmierung dieser kleinen, aber recht nützlichen Entwicklungsumgebung sein.

Die Beschränkung im Buch auf den Arduino Uno R3 und den Arduino Nano sagt nichts aus über das wahre Potential dieser IDE.

Es sind eine Vielzahl weiterer Boards der Arduino-Familie und auch, mit einer kleineren Erweiterung, die man in den Einstellungen der Arduino IDE vornimmt, von Boards mit anderen Controllern, wie dem ESP8266 und ESP32, möglich. Und das auch mit der (vereinfachten) Sprache der Arduino IDE. Besonders wertvoll ist auch, dass diese Sprache zusammen mit Befehlen von C/C++ verwendet werden kann.

Mit diesem Buch beginnt eine lose Serie zu Experimenten mit Mikrocontrollern. An Beispielen werden Lösungsvorschläge erläutert.

GPS-Werte werden vielfältig zur Ortsbestimmung verwendet. Das Problem ist, dass die Werte durch die Atmosphäre beeinflusst werden. Wenn man eine genauere Ortsbestimmung im Bezug auf einen bekannten Standort möchte, hilft Differentielles GPS, das aus zwei GPS-Empfängern besteht. Im Buch wird ein derartiges System unter Verwendung von GPS-Empfängern u-blox NEO-xxx und dem Controller-Modul ESP32 beschrieben. Es wird sowohl Hardware wie auch die Software ausführlich beschrieben. Die Software ist Open-Source unter EUPL-Lizenz. Das Buch ist auch für Interessenten interessant, die zwar kein GPS-System aufbauen möchten, sich aber mit dem Controller ESP32 beschäftigen.

Inhalt:

- Prinzip des Differentiellen GPS
- Nutzung der Arduino IDE für den ESP32
- Ausgabe über GPIO-Anschlüsse
- Verwendung von Touch-Sensoren ohne und mit Interrupt
- Verwendung des GPS-Moduls
- Datenübertragung mittels dem ESP-NOW-Protokoll

Der ESP8266 ist ein Mikrocontroller, der auch die Möglichkeit besitzt, über WLAN zu kommunizieren. Von Vorteil ist, dass dieser Controller auch recht einfach mit der Arduino IDE mit deren vereinfachten Befehlen programmiert werden kann.

Im folgenden Projekt wird beschrieben, wie die Relaisschaltung eines Antennenumschalters mit einem Browser über das heimische WLAN geschaltet werden kann. Dabei wird auch auf wesentliche Grundlagen der Erstellung von Webseiten mit HTML und CSS eingegangen. Dieses ist notwendig, weil im Browser (egal, ob am PC oder im Handy) eine Webseite als Benutzeroberfläche verwendet wird.

Das Projekt ist nicht nur für Amateurfunker interessant. Auch Interessenten, die andere Möglichkeiten suchen, Schaltvorgänge über WLAN mittels eines Browsers suchen, können hier fündig werden.

Bücher

www.ingramcontent.com/pod-product-compliance
Lightning Source LLC
Chambersburg PA
CBHW070315220526
45465CB00004B/1863